BEI GRIN MACHT SICH IHR
WISSEN BEZAHLT

- Wir veröffentlichen Ihre Hausarbeit,
  Bachelor- und Masterarbeit

- Ihr eigenes eBook und Buch -
  weltweit in allen wichtigen Shops

- Verdienen Sie an jedem Verkauf

**Jetzt bei www.GRIN.com hochladen
und kostenlos publizieren**

Innovationsmanagement in Unternehmen. Innovationsarten, Prozesse und Vorteile

Alex Butter

Bibliografische Information der Deutschen Nationalbibliothek:

Die Deutsche Nationalbibliothek verzeichnet diese Publikation in der Deutschen Nationalbibliografie; detaillierte bibliografische Daten sind im Internet über http://dnb.d-nb.de abrufbar.

ISBN: 9783346571298
Dieses Buch ist auch als E-Book erhältlich.

SEMINARARBEIT INNOVATIONS-MANAGEMENT

Studiengang: Change Management und Leadership

LV / Modul: Modul 3: Innovationsmanagement

Name: Alexander Butter

Datum: 20.09.2021

Inhaltsverzeichnis

Abbildungsverzeichnis

Hinweis zur genutzten Sprache: In der vorliegenden Seminararbeit wird die männliche Sprachform bei personenbezogenen Substantiven und Pronomen genutzt. Auf Grund der gewählten Sprachform soll sich kein anderes Geschlecht benachteiligt fühlen, dies dient ausschließlich der sprachlichen Vereinfachung und ist als geschlechtsneutral zu verstehen.

1 Einleitung

Diese Seminararbeit beschäftigt sich mit dem Thema Innovationsmanagement und geht auf sechs verschiedene Aufgabenstellungen ein, die im nächsten Kapitelpunkt beschrieben werden. Erneuerungen in Unternehmen werden durch Maßnahmen des Innovationsmanagement gefördert und die Nutzung ermöglicht. Der Fokus liegt nicht auf dem Neuen als singuläre Erscheinung, sondern auch dem neu erschaffenem Nutzen. Die Ziele können von neuen, verbesserten Produkten, Prozessen bis zu gesellschaftlichen Veränderungen reichen.

1.1 Aufgabenstellung

Die erste Aufgabe befasst sich mit Innovationsarten und Formen. Diese sollen mit Beispielen aus der Praxis ergänzt werden. Bei der zweiten Aufgabe wird die Pull- und die Push-Innovation beschrieben und anhand von Unternehmensbeispielen unterstützen. Die dritte Aufgabenstellung setzt sich mit der Kundenintegration im Innovationsprozess auseinander. Dieser Prozess wird Open Innovation genannt und im Anschluss von Closed Innovations abgegrenzt. Auch in diesem Teil wird mit Beispielen gearbeitet und zum Abschluss die Besonderheiten einer Open Innovation betrachtet. In Aufgabe vier werden die Erläuterungen aus Aufgabe drei durch Graphiken erweitert und eingehend beschrieben. Gründe eines Unternehmens für oder gegen eine Entscheidung Open Innovation zu nutzen werden in Aufgabe 5 behandelt. In der letzten Aufgabe wird der Innovationsprozess in der Konsumgüterindustrie erläutert und illustriert dargestellt. Die Prozessdetails sowie die involvierten Personengruppen werden herausgearbeitet und erfolgreiche Beispiele aus dem Industriezweig angeführt.

1.2 Zielsetzung, Nutzen

Das Ziel ist die selbstständige Auseinandersetzung mit dem Thema Innovationsmanagement durch die Bearbeitung der gegebenen Aufgabenstellungen. Weiterhin soll durch das Einbeziehen von Beispielen die Theorie mit der Praxis verknüpft und die Inhalte des Skriptums Innovationsmanagement erweitert werden.

2 Innovationsarten und Formen

In der Einleitung wurde die Breite der Innovationsarten und Formen kurz angerissen. Durch Innovationen werden zum Beispiel die Entwicklung und Vermarktung neuer Produkte oder Dienstleistungen angestoßen, neue Organisationsstrukturen und Produktionsverfahren geschaffen bis zu neuen Absatzmärkten, die erschlossen werden.

Hier ist zum einen die Produktinnovation zu nennen. Diese definiert sich über die Neuerung eines Produktes, welches ein Unternehmen auf den Markt bringt, das bisher nicht im Portfolio enthalten war. Ziel dieser Neuerung kann die Grundfunktion des Produkts, also der Produktkern, genauso wie das Design, also das Produktäußere oder Zusatzleistungen sein, die der Differenzierung gegenüber der Konkurrenz dienen. Beispielhaft für eine Produktinnovation ist Apples erstes iPhone zu sehen

Zum anderen gibt es die Neugestaltung von Prozessen für die Leistungserbringung von Unternehmen, die als Prozessinnovation bezeichnet wird. Ziel ist hier zum Beispiel die Produktivitätssteigerung, bessere Produkteigenschaften durch Anpassung von Prozessen oder das Erreichen von niedrigeren Herstellungskosten. Prozessinnovationen können in den Felder Entwicklung neuer Technologien genauso Anwendung finden wie bei dem Errichten neuer Vertriebsstrukturen. Der Online-Check-In bei Flugreisen ist beispielhaft für eine Prozessinnovation.

Organisatorische Innovationen oder auch sogenannte Strukturinnovationen bezeichnen die Veränderung, Weiter- oder Neuentwicklung innerbetrieblicher Strukturen eines Unternehmen. Eingesetzt werden kann diese bei Kooperationen oder Joint Ventures, Aufbauorganisation und ebenfalls bei Ablauforganisationen. Beispiele sind die Einführung von 360-Grad Evaluation von Mitarbeitern oder der Wechsel zu einer Team- oder Projektstruktur, ausgehend von einer hierarchischen Organisationsstruktur.

Weiterhin gibt es das Feld der sozialen Innovationen, die Veränderungen im Humanbereich als Ziel hat. Als Beispiel für eine soziale Innovation im Unternehmen kann die Gestaltung des Arbeitsprozesses als ständiger Lernprozess oder die Intensivierung der Teamarbeit dienen. Soziale Innovationen im öffentlichen Bereich umfassen zum Beispiel die Gründung des Roten Kreuzes von Henry Dunant im Jahr 1863 nach der Schlacht von Solferino oder die Einführung des allgemeinen Wahlrechts.

Die Netzwerk-Innovation bezeichnet die Schaffung zusätzlichen Wertes durch die Verbindung verschiedener Gruppen und Interessensgruppen. Durch den Einsatz von digitalen Dienstleistungen ist diese Art der Innovation weit verbreitet, siehe Facebook, Dating-Services oder eBay Kleinanzeigen.

Neue Technologien können als Grundlage für weitere Innovationen dienen, sogenannte Technologie-Innovation, wie das Internet führen unweigerlich zu Innovationen in diversen Bereichen. Ein aktuelles Beispiel ist Samsung mit seinen faltbaren OLED Displays, welche nun in Smartphones eingebaut werden.

Weiterhin sollen hier Innovationsformen, wie die Marktinnovation, Kommunikationsinnovation und die Umweltinnovation erwähnt werden. Bei der Marktinnovation wird für gegenwärtige Produkte nach neuen Anwendungsmöglichkeiten oder Absatzmärkten gesucht. Die Firma Tracker verwendet die Innovation GPS am Hundehalsband zur Ortung des Haustiers. Als Kommunikationsinnovation kann die Erfindung der E-Mail gesehen werden. Hier handelt es sich um Innovationen, die die Kommunikation radikal positiv beeinflussen. Umweltinnovationen unterstützen zum Beispiel die Erreichung der CO_2 Ziele durch Abgasreinigung bei Kraftfahrzeugen oder neue Antriebstechnologien für Schiffe.

Es gibt verschiedene Möglichkeiten, wie sich Innovation auswirken kann. Diese lassen sich in vier Arten, inkrementell, disruptiv, architektorisch und radikal einteilen. Die inkrementelle Innovation baut auf bestehende Technologien oder Märkte auf. Bestehende Technologien innerhalb eines bestehendes Marktes werden genutzt, um ein bestehendes Angebot durch Erweiterung der Funktionen oder Änderungen am Design zu optimieren. In der Industrie 3.0 ist dies eine der häufigsten Formen der Innovation. Als Beispiel kann hier der Smartphone-Markt angeführt werden. Seit Einführung des ersten iPhone von Apple agiert die Branche durch die Aktualisierung der Hardware, des Designs oder dem Hinzufügen von diversen Funktionen.

Disruptive Innovationen kennzeichnen neue Technologien, die in bestehenden Märkten eingesetzt werden. So nutzte das Unternehmen Amazon das Internet, um in die Branche des Buchhandels einzudringen. Der bestehende Markt für Literatur wurde durch die Art und Weise, wie verkauft, geliefert und erlebt wurde, neu geordnet. Hier ist das zuvor erwähnte Beispiel von Apple mit dem iPhone hervor zu heben. Das Gerät von Apple ersetzte die klassischen Tasten durch Touch-Interface fokussierte Geräte in Kombination mit intuitiven Benutzeroberflächen.

Eine neuer Markt, der durch bestehende Technologien erschlossen wird, ist der Kern der architektonischen Innovation. Aktuelle Technologie Unternehmen, wie Amazon, Alibaba oder Google drängen durch Nutzung ihres Fachwissens, Technologien, wie Apps oder Plattformen und ihren Fähigkeiten auf neue Märkte. Mit dieser Methode werden nach und nach neue Märkte erschlossen und der Kundestamm erweitert. Ein aktuelles Beispiel ist das Unternehmen Amazon, das als Buchversandhandel startete und vor kurzem unter anderem in die medizinische Versorgung eingestiegen ist.

Die vierte Art der Innovation ist die radikale Innovation und bezeichnet die Erschließung neuer Märkte durch neue Technologien, Geschäftsmodelle oder Dienstleistungen. Eine radikale Innovation war die Erfindung des Flugzeugs durch die Gebrüder Wright. Diese ermöglichten langfristig eine neue Form des Reisens, es entstand eine neue Industrie und dazu ein neuer Markt.

3 Pull- und Push-Innovationen

Innovationen lassen sich allgemein nach der Quelle der Veranlassung unterscheiden und in Bedarfsinduzierte oder Angebotsinduzierte Innovationen unterteilen. Die Push-Innovation oder auch technology-push kommt aus dem R&D Bereich eines Unternehmens. Somit kommt der Antrieb vom Anbieter des Produkts und ein dazugehöriger neuer Markt muss erst geschaffen werden. Das heißt, dass der Absatz über den Händler zum Kunden führt. Dabei wird das Produkt vom herstellenden Unternehmen in den Markt gedrückt. Dies geschieht durch den Fokus auf Groß- und Einzelhändler, um den Absatz beim Endverbrauchern zu maximieren. Die Marketingkampagnen sind dabei direkt auf die Händler ausgerichtet.

Wenn der Antrieb für eine Innovation vom Markt kommt wird dies als Pull-Strategie oder auch market-pull bezeichnet. Die Bedürfnisse des Kunden werden zum Beispiel durch ein neues Produkt befriedigt. Die Pull-Strategie ist das Gegenteil der Push-Strategie, wobei beide Prinzipien das gemeinsame Ziel haben, Güter am Markt abzusetzen. Die Pull-Strategie stellt eine Vertriebsform auf dem Verbrauchermarkt dar und zielt direkt auf die Endverbraucher ab. Aus diesem Grund fokussiert der Hersteller sich direkt mit seinen Marketingmaßnahmen auf den Endkunden. Die vom Kunden ausgehende Nachfrage wird durch Werbung oder Direktmarketing, je nach Produkt, geweckt. Beim Einsatz der Pull-Strategie stehen der Kunde und dessen Bedürfnisse im Fokus und das Produktangebot ist exakt auf die Interessenten zugeschnitten. Die angepeilte Zielgruppe wird aktiv durch Werbung auf das Produkt aufmerksam gemacht. Die Pull-Strategie geht davon aus, dass Innovationen ihrer Ursprung in unbefriedigten Kundenbedürfnissen auf dem Markt haben und erst die Identifikation der Bedürfnisse Entwicklungsaktivitäten mit sich bringen (Chidamber, Kon, 1994).

Zusammengefasst wird bei der Push-Strategie ein Überangebot produziert, welches im Anschluss durch Zwischenhändler „gepusht" wird. Unternehmen wie Neckermann oder Quelle, im Allgemeinen Katalog-basierte Versandhändler sind Beispiele für Push-Strategien. Ein Gegenbeispiel ist Amazon in seiner aktuellen Ausprägung. Die Kundennachfrage bestimmt das Angebot und die Kunden suchen direkt nach Produkten, die die Hersteller aktiv beim Endkunden bewerben. Ein weiteres Beispiel für Push-Strategien sind Hygieneprodukthersteller von Duschgel zum Beispiel, wie Schwarzkopf & Henkel, die ihre Produkte über den Einzelhandel vertreiben.

4 Kundenintegration im Open Innovation Prozess

Durch die sich rapide veränderten Rahmenbedingungen bei Unternehmen, werden von diesen vermehrt externe Akteure in den Innovationsprozess integriert. Neben Wettbewerbern, Universitäten oder Partnern, sind Kunden als externe Quelle von Bedeutung für den Innovationsprozess (Faber, 2008, S. 32). Unternehmen erhalten durch die Kunden Zugang zu externem Wissen, was gleichzeitig das Risiko einer Fehlinvestition durch falsche Entwicklungen minimiert. Dieser Trend wird unter dem Begriff „Open Innovation" zusammengefasst (Chesbrough, 2003). Chesbrough ist einer der bekanntesten Vertreter der Öffnung der internen R&D Abteilung. Nach Chesbrough ist Open Innovation:

"a paradigm that assumes that firms can and should use external ideas as well as internal ideas, and internal and external paths to market, as the firm look to advance their technology"

(Chesbrough, 2003, S. 24)

Drei Jahre später bezeichnete er Open Innovation als:

„(...) the use of purposive inflows and outflows of knowledge to accelerate internal innovation, and expand the markets for external use of innovation, respectively"

(Chesbrough, Vanhaverbeke, West, 2006, S. 3)

Eine Studie aus dem Jahr 2013, des Frauenhofer Instituts, in Zusammenarbeit mit europäischen und amerikanischen Unternehmen bestätigt, dass die Anzahl der Unternehmen, die Open Innovation anwenden, in der Vergangenheit stetig gestiegen ist (Chesbrough, Brunswicker, 2013, S. 3ff.).

Open Innovation grenzt sich von der Vorstellung der Closed Innovation ab, in dem Unternehmen ihre eignen Ideen im Innovationsprozess nutzen und nicht über ihre Unternehmensgrenze hinaus gehen. Die Closed Innovation basiert auf der Annahme, dass Unternehmen Innovationen selbst entwickeln. Angefangen bei der Ideengenerierung bis zur Vermarktung findet der Prozess ausschließlich innerhalb des Unternehmens statt, demnach ist eine Öffnung nach außen ausgeschlossen. Das nötige Knowhow, Technologie oder geistiges Eigentum bleiben unter der Kontrolle des Unternehmens. Die Funktionsweise von Close Innovation lässt sich mit einem Perpetuum Mobile vergleichen (Hasan Mutlu, 2013). Damit eine geschlossene Innovation in einem Unternehmen erfolgreich umgesetzt werden kann, müssen diverse Faktoren Beachtung finden. Das Unternehmen sollte dauerhaft bemüht sein, hochqualifizierte Mitarbeiter zu scouten, da durch Closed Innovation hohe Anforderungen an die Mitarbeiter gestellt werden. Weiter gilt es, das selbst entwickelte, geistige Eigentum zu schützen, zum Beispiel durch Patente.

Um ein Beispiel für beide Ansätze aufzuzeigen, werden die Smartphone Hersteller Apple und Xiaomi miteinander verglichen. Auf der einen Seite setzt Apple auf hohe Investitionen in seine R&D Abteilung und verfolgt somit einen Closed Innovation Ansatz. Auf der anderen Seite folgt Xiaomi dem Open Innovation Ansatz, nimmt die Bedürfnisse und Ideen der Kunden auf und setzte diese in neuen Produkten um.

Ein weiteres Beispiel für Open Innovation ist der Klemmbausteinhersteller Lego mit Hilfe der Ideenplattform Lego Ideas. Auf der Plattform verbindet Lego begeisterte Kunden, welche neben diversen Aktivitäten auch komplett eigene Ideen einreichen können. Im Nachgang bekommt die Community die Möglichkeit, für die zur Verfügung stehenden Ideen zu stimmen. Bei 10.000 Stimmen wird die Idee von Lego geprüft und als reguläres Set auf der Markt gebracht, dabei erhält der Entwickler 1% der Gesamtumsätze.

Besonderheiten von Open Innovation sind in den Potenzialen und Herausforderungen des Instruments für Innovationsmanagement zu finden. Durch den Einsatz kann Zeit und Geld auf Unternehmensseite gespart werden, da Open Innovation den Unternehmen die Möglichkeit eröffnet auf bestehende Expertise zuzugreifen. Dabei wird sich externe Infrastruktur zu nutzen gemacht, statt Abteilungen aufzubauen und Mitarbeiter zu schulen. Auch bietet Open Innovation für Unternehmen die Chance, das eigene Ideenmanagement effizienter und gleichzeitig nachhaltiger zu gestalten. Bei Closed Innovation landen die nicht umgesetzten Ideen in Schubladen oder sogar im Papierkorb. Ideen werden verworfen, wenn kein Bedarf erkannt oder keine Verwendung besteht. Der Outside-In-Prozess ist zeitlich, wie auch in finanzieller Hinsicht meist nachhaltiger als Closed Innovation. Auch können durch den Inside-Out-Prozess eigene Ideen beispielsweise durch Lizenzierung veräußert werden. Auch kann Open Innovation als ein Input für kostenlose Marktforschung betrachtet werden. Des Weiteren kann es sinnvoll sein Ideen mit der Konkurrenz zu teilen, um zum Beispiel komplett neue Märkte zu erschaffen. Durch Open Innovation lässt sich das Innovationsrisiko minimieren und Betriebsblindheit verhindern. Innovationen, entwickelt mit diversen Experten, den Kunden oder als Kooperation mit anderen Unternehmen können somit vor dem Scheitern der Produkte schützen und die eigenen Denkmuster erweitern. Nicht selten kommen Lösungen für komplexe Problemstellungen aus differenzierten Branchen. Das Raumfahrtprogramm der NASA wäre mit Closed Innovation noch Kosten und Zeitintensiver. Eine aktive Kundenbasis in Form von Crowd Innovation ist ein potenzialreicher Teil der Open Innovation, durch die Schwarmintelligenz, sowie Emergenz Effekte entstehen. Hier spielt auch die langfristige Beziehung zu den eigenen Kunden eine wichtige Rolle. In der heutigen Zeit von internationalem Wettbewerb, verschiedenen Angeboten und Innovationsdruck ist die Kundenbeziehung ein Mehrwert für Produkte und Marken. Die Unternehmenskultur kann als Herausforderung bei Open Innovation betrachtet werden, denn durch die Art des Innovationsprozesses verändert sich das Mindset. Die Akzeptanz, dass nicht alle Innovationen auf Mitarbeiter eines Unternehmens zurück gehen, sondern durch externe Berater oder sogar Konkurrenten entstehen kann zu Unmut in der Belegschaft führen. Das Not-Invented-Here-Syndrom bezeichnet die Einstellung, dass Produkte, die nicht im Unternehmen erfunden werden, nicht gut sind und kann auch zu Komplikationen führen. Die Eingliederung offener Innovationsprozesse in bestehende Prozesse stellt eine weitere Herausforderung dar, ebenso wie die Einbindung der Mitarbeiter. Ein Unternehmen für Open Innovation vorzubereiten bedeutet immer auch die Öffnung der Unternehmenskultur. Diese Veränderungen sind keine Selbstläufer und erfordern einen gewissen Verwaltungsaufwand. Ideen müssen nicht nur gesammelt, sondern auch aufbereitet und verwaltet werden. Der offene Innovationsprozess fordert einen klar strukturierten Plan. Datenschutz- und Eigentumsbestimmungen sind rechtliche Themen, die von Anfang an zu bedenken sind. Wie werden die Kundenideen bezahlt und die Rechte an das Unternehmen abgegeben? Klare Ziele, Strategien und gute Planung sind erforderlich, um Open Innovation zum Erfolg zu führen und rechtliche Konflikte zu vermeiden.

5 Graphische Darstellung

Die Darstellung der Open Innovation als Innovationstrichter ist weit verbreitet. In diesem Prozess fließen Ideen in Unternehmen, von denen, nach Auswahl anhand vorher definierte Kriterien, ein kleiner Teil ausgewählt wird. Diese Ideen werden anschließend analysiert und noch weniger in Form von neuen Produkten auf den Markt gebracht.

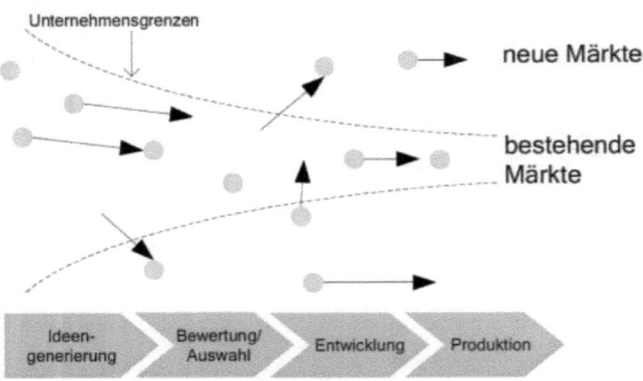

Abbildung 1: Innovationstrichter bei Open Innovation Quelle: Repetico, o.D.

Der Open Innovation Prozess kann in vier Schritte eingeteilt werden. Wie oben beschrieben sind die ersten beiden Schritte die Ideengenerierung und die Bewertung der Näher zu betrachtenden potenziellen Produkte. Nach Auswahl der zukünftig möglichen Innovationen gehen diese in die Entwicklung, angefangen bei der Prototy-pen Entwicklung bis zu ersten Markttests mit Kunden. Anschließend wird das final designte Produkt auf den Markt gebracht. Dies kann je nach Neuheitsgrad beste-hende Märkte befriedigen oder auch neue Märkte erschließen. Während dem gesam-ten Prozess kann auf Wissen inner- und außerhalb des Unternehmens zugegriffen werden, falls dazu entsprechende Prozesse etabliert sind.

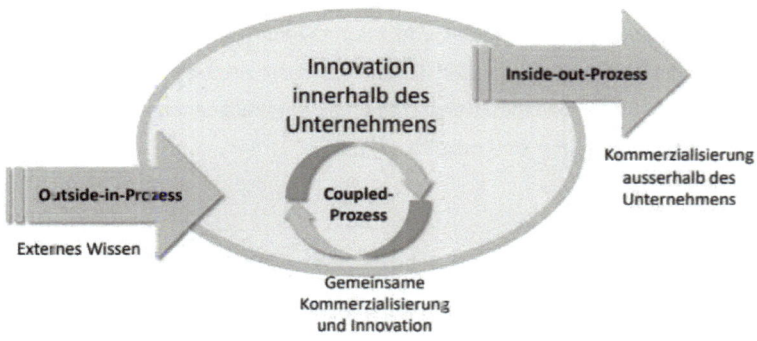

Abbildung 2: Open Innovation Ansätze

Quelle: Repetico, o.D.

Wie in Abbildung 2 dargestellt kann die Open Innovation mittels drei verschiedener Herangehensweisen in Unternehmen integriert werden.

Der Oustide-in-Prozess beschäftigt sich mit der Nutzung von Ideen und Wissen, das außerhalb des Unternehmens generiert wurde und macht sich diese zu nutzen. Die Quellen reichen von Lieferanten, Kunden oder Lead Usern bis zu anderen Unterneh-men oder Universitäten, die zum Beispiel durch neue Technologien frische Impulse erzeugen und so zur nächsten Innovation führen könnten.

Ursprünglich internes Wissen wird beim Inside-out-Prozess außerhalb der Organisa-tion genutzt, um zum Beispiel Innovationen in anderen Branchen hervorzurufen. Ent-wickelte Technologien können in Form von Lizenzen oder Patenten verkauft werden und so Verbreitung außerhalb des Unternehmens finden, um Cross Industry Innovati-ons zu schaffen. Ein Paradebeispiel ist hier die Softwareindustrie, mit Unternehmen wie Microsoft und der Lizenzierung des Betriebssystems Windows.

Beide Ansätze können verknüpft werden, somit können Ideen und Technologien aus anderen Bereichen in das Unternehmen integriert und auch wieder abgegeben werden. Bei diesem Prozess sind die diversen Stakeholder aktiv am Prozess der Entstehung beteiligt. Gleichzeitig wird ein Markt um die geschaffene Innovation aufgebaut. Innovationsnetzwerke bezeichnen unternehmensübergreifende Interaktions- und Kooperationsformen, wie Joint Ventures und Projektkooperationen. Zu den Akteuren gehören Unternehmen verschiedener Branchen und Größe, sowie Universitäten, Forschungseinrichtungen, um Ideen und Informationen auszutauschen und damit gemeinsam Innovationen zu schaffen. Dabei wird in der Art des Netzwerks unterschieden - thematische Innovationsnetzwerke, regionale Innovationsnetzwerke und institutionalisierte Clusterstrukturen sind möglich.

6 Pro/Contra Open Innovation für Unternehmen

Der rapide technologische Wandel und die globale Vernetzung fördern den Wandel von Closed zu Open Innovation Prozessen. Die Zeitspanne von den ersten Schritten bis zur Markteinführung, auch Time-to-Market genannt, wird durch immer kürzer werdende Lebenszyklen und erhöhte Konkurrenz am Markt stetig wichtiger für Unternehmen. Der Einsatz von Open Innovation kann die Entwicklungszeit verkürzen, indem Innovationspartner genutzt werden. Durch das Nutzen von Partnern im Innovationsprozess kann auf neue Technologie schneller und flexibler oder auf Marktanforderungen reagiert werden. Auch können Aufgaben, die auf Kundenwissen basieren, ausgelagert werden oder die Kunden direkt miteinbezogen werden, um Betriebsblindheit zu vermeiden. Kunden, die optimale Lösungen vorschlagen, können den Trial-and-Error-Prozess bei der Entwicklung unterstützen und diesen somit verkürzen oder er kann komplett ausgelagert werden. Für die Produkte, die während dem Trial-and-Error-Prozess durch hohe Bewertungen ausgewählt werden, muss das Unternehmen nur noch die Markttauglichkeit final verifizieren und im Anschluss final umsetzen.

Weiter können Kosten durch die Reduzierung der Cost-to-Market gespart werden. Dies bezeichnet die Kosten des Innovationsprozesses vom Start der Planung bis zur Markteinführung. Unternehmen haben mit Kürzungen von R&D Budgets zu kämpfen, die den Trend in Richtung Open Innovation beschleunigen und es werden Kosten durch Arbeitsteilung reduziert. Als Beispiel dient die Einreichung von Kundenvorschlägen. Prototypen zu entwickeln kann sehr kostenintensiv sein und kann daher durch

Open Innovation zumindest um den ersten Prototypen, je nach Prozess des Unternehmens, ersetzt werden. Ein weiterer Vorteil ist der Faktor New-to-Market, der den wahrgenommenen Neuheitsgrad einer Innovation für den Kunden beschreibt. Innovationen, die unter anderem vor externen Innovationspartnern entstehen, erschließen durch radikale Ideen neue Funktionalitäten oder lassen neue Märkte entstehen, was den Wert des Faktors New-to-Market steigert.

Das unternehmerische Risiko wird durch die mehrheitliche Marktakzeptanz eines neuen Produktes gesteigert, was auch als Fit-to-Market bezeichnet wird. Durch die Integration von Kunden in den Open Innovation Prozess kann die Akzeptanz im Markt gesteigert und gleichzeitig das Risiko für Fehlinvestitionen in Entwicklungen reduziert werden. Auch wird die Basis für Ideen auf mehr Kopfe verteilt und die Wahrscheinlichkeit für eine Innovation erhöht sich. Innovationen, unabhängig ihres ex- oder internen Ursprungs, können zu Synergieeffekten führen. Ein weiterer Vorteil besteht in der Möglichkeit, virale Marketingkampagnen schon während der Produktentwicklung anzustoßen.

Gründe für den Einsatz der Closed Innovation können auch Nachteile des Open Innovation Prozesses sein, wie das Informationen nicht im Unternehmen verbleiben, sondern nach außen dringen. Damit kann der Verlust über den Wettbewerbsvorteil einhergehen oder sogar über das preisgegebene Knowhow. Um Open Innovation vorteilhaft in bestehende Unternehmensstrukturen zu integrieren ist es teilweise nötig, das Unternehmen sich organisatorisch neu aufstellen. Bei komplexen Innovationen kann die Wahl der Closed Innovation von Vorteil sein, als Beispiel dient hier Apple mit seinen integrierten und abgestimmten Produkten. Wenn durch eine technologische Innovation ein womöglich uneinholbarer Vorsprung zur Konkurrenz entsteht sollte das Wissen innerhalb des Unternehmens geschützt werden. Damit Unternehmen in hart umkämpften Branchen Vorteile für sich nutzen können müssen diese geschützt werden.

7 Innovationsprozess in der Konsumgüterindustrie

Die Bedeutung von Innovationen in der Konsumgüterindustrie, sowie die Fähigkeit diese Erfolgreich zu entwickeln und vermarkten ist für Unternehmen aus der Branche enorm wichtig. Nach einer Erhebung der Gesellschaft für Konsumforschung (GfK) werden jährlich etwa 14 Mrd. EUR von dieser Industrie für Innovationen ausgegeben

(Düthmann, 2008, S. 9). Konsumgüter werden oft anhand der Warenrotation gemessen. Diese ist bei Handelsunternehmen eine betriebswirtschaftliche Kennzahl. Die Warenrotation beschreibt die durchschnittliche Lagerdauer von Produkten im Supermarktregal oder im Lager. Bei Fast Moving Consumer Goods (FMCG) ist in Deutschland von einer Flop Rate in Höhe von 70 Prozent auszugehen, dies sind rund 20 Prozent mehr als noch in den 1980er Jahren (GfK, 2006). FMCGs sind schnell verkaufbare Produkte zu einem relativ geringen Preis. Beispiele sind Haushaltsgüter, Kosmetika und weitere konsumierbare Güter. Damit werden jährlich circa 10 Mrd. EUR Investments in Flops investiert, da für jede Innovation die Prozesskette aus den sieben Phasen des Innovationprozesses neu durchlaufen werden muss. Nur jedes siebte Investitionsprojekt zur Entwicklung von neuen Produkten hat am Ende Erfolg am Markt und fast die Hälfte der Ressourcen wird in kommerzielle Fehlschläge investiert (Booz Allen, 1982, S. 14f.). Geschätzt wird, dass zwischen 50 und 90 % der Neuprodukte in der Konsumgüterindustrie binnen eines Jahres nicht mehr im Portfolio der Händler zu finden sind, dabei war es nicht möglich, diesen Wert in den letzten 25 Jahren zu verringern (Gourville, 2006, S. 100). Marktforschungsinstitute entwickeln ausgereiftere Methoden zur Befragung der Konsumenten, Unternehmen unterhalten ganze Marketingabteilungen, das Geschäft der Werbeagenturen wächst stetig, Verbraucherverhalten wird eingehend erforscht und schon Werbeetats in Millionenhöhe eingeplant.

Damit ist die Branche stark gefordert, Innovationen durch effektives Innovationsmanagement zum Erfolg zu bringen. Durch sich verkürzende Produktlebenszyklen, fragmentierte Märkte und die Verfügbarkeit von Informationen und Konkurrenzprodukten steigen die Anforderungen an die Innovationen von Unternehmen aus der Konsumgüterindustrie. Dies gilt vom Produzenten bis zum Handel, der die Produkte an den Endkunden vertreibt. Die Endverbraucher sind die Entscheider über Erfolg oder Versagen von Innovationen. Ein langfristiges und gleichzeig nachhaltiges Wachstum ist in industrialisierten Ländern, wie Deutschland, lediglich von Unternehmen auf Grund von Innovation zu sichern (Bullinger, Warschat 2007, S. 200). Auf Grund dieser vielseitigen Variablen ist effektives Innovationsmanagement elementar bei der Entwicklung von Innovation für die Konsumgüterindustrie (Meffert, Burmann, Kirchgeorg, 2008, S. 411). Derzeitige Trends im Markt der FMCG sind in den letzten Jahren vermehrt in den Branchen der pflanzenbasierten Lebensmittel und Getränke, Fleischimitate, Hanfprodukte, sowie Nachhaltigkeit zu finden, um ein paar Beispiele aufzuzählen (Zapfel, D., 2019).

Der Lebensmittelproduzent Beyond Meat ist derzeit führend in pflanzlichen Fleischer-
satzprodukten und immer an weiteren Innovationen interessiert, um den wachsenden
Markt mit Produkten zu befriedigen. So stellte das Unternehmen im Oktober 2020 neben Burger Patties, auch Frühstückswürstchen auf Pflanzenbasis vor. CBD Öl aus
Hanf findet seit ein paar Jahren Anwendung in der Medizin-, Kosmetik- und Wellness-
branche. Hier schlummert durch die alternde Bevölkerung der DACH Region ein großer Markt, der sich gerade erst bildet und mit innovativen Ideen erobert werden will.

Die wichtige Bedeutung für Innovation in der Konsumgüterindustrie lässt sich ebenfalls
am Konzept des Produktlebenszyklus bestätigen. Die Einführungsphase von neuen
Produkten ist gekennzeichnet durch langsames Wachstum, sowie Verlusten auf Grund
der hohen Kosten bei der Markteinführung. In der Wachstumsphase steigt die Marktakzeptanz und erste Gewinne können realisiert werden. Diese ziehen im Phasenver-
lauf stark an. Die Reifephase ist geprägt von sich minimierenden Zuwachszahlen beim
Umsatz und stagnierenden Gewinnen. Dies kann auf den Marketingaufwand und die
Intensität im Wettbewerb zurückgeführt werden. Umsätze und Gewinne des Produkts
verringern sich in der Rückgangphase (Kotler, Keller, Bliemel, 2007, S. 1003f.). Die
Darstellung der Umsatzentwicklung eines Produkts wird meist als S-förmige Kurve dargestellt, die in die vier oben genannten Phasen eingeteilt werden.

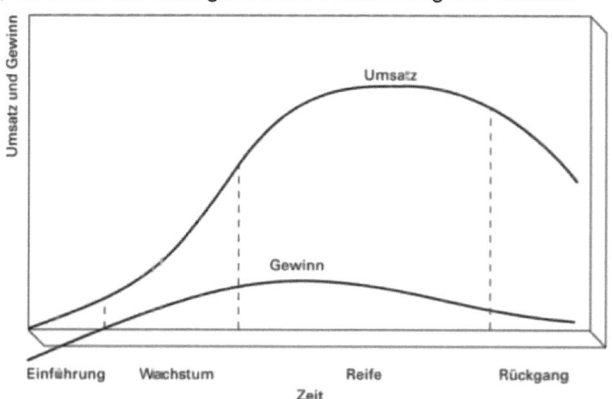

Abb. 2.1: Umsatz- und Gewinnverlauf im Lebenszyklus (Kotler/Keller/Bliemel 2007,
S. 1004)

Abbildung 3: Umsatz- und Gewinnverlauf im Lebenszyklus
Quelle: Kotler, Keller Bliemel, 2007, S.1004

Der Lebenszyklus von Produkten sollte auch vor dem Hintergrund der Produktform,
Technologie-, sowie Nachfragezyklen betrachtet werden. Die
Produktformlebenszyklen bezeichnen das Entstehen verschiedener Produkte, die
einen Lebenszyklus durch-laufen und anschließend vom Markt verschwinden
(Kotler, Keller, Bliemel 2007, S.

1002f.). Menschen sind in unserer Gesellschaft dauerhaft der Schaffung von Bedürf-
nissen auf Konsumebene ausgesetzt. Dies wird als Nachfragelebenszyklus beschrieben. Die Bedürfnisse werden auf Grund von zeitlichem Voranschreiten durch unter-
schiedliche Technologien befriedigt, auf deren Basis diverse Produktformen entwickelt
werden können. Den Unternehmen muss daher bewusst sein, in welchem Lebenszyklus sich ein Produkt befinden und bei einer Mehrheit von Produkten in der Reife- oder
Rückgangphase durch Innovationen aktiv gegensteuern, um den Umsatzverlust aus-
zugleichen. Das Konzept der S-Kurve von Foster ist eine graphische Darstellung des
Verhältnisses zwischen den Ergebnissen und dem Aufwand für die Verbesserung, die
durch eine Innovation erreicht werden. Auf anfängliche Fehlinvestitionen und Fehl-
schlägen folgt ein rapider Anstieg der erzielten Leistung. Nach dem entscheidenden
Anpassungen und den damit einhergehenden Durchbrüchen am Markt wird es kom-
plexer und teurer, weitere Verbesserungen zu entwickeln, da der derzeitige Stand der
Technologie maximal ausgebaut wurde. Ein verbessertes Produkt ist an diesem Punkt
nur noch durch den Transfer in eine neue Technologie möglich. Diese Phase ist von
großer Unsicherheit gekennzeichnet, da eruiert werden muss, welche Technologie das
meiste Potenzial für die Zukunft birgt und meist mehrere konkurrierende Möglichkeiten
zur Auswahl stehen (Foster, 1986, S. 109ff.).

Strategien mit hohem Erfolgspotenzial, besonders in der Konsumgüterindustrie, be-
rücksichtigen das Lebenszykluskonzepts. Diese Strategien konzentrieren sich nicht
nur auf kurzfristige Produkt- und Technologielebenszyklen, sondern auf innovative
Produktformen unter Einbezug moderner Technologien und Marken. Dabei werden
ebenso definierte Bedürfnisse der Konsumenten berücksichtigt (Kotler, Keller, Bliemel,
2007, S. 1006). Diese Vorgehensweise ist erprobt und findet Anwendung bei vielen
etablierten Marken, die erfolgreich wirtschaften, wie beispielsweise Nivea oder Persil.

Literaturverzeichnis

Monographien

Chesbrough, H. W. (2003). Open innovation: The new imperative for creating and prof-iting from technology. Boston, Mass: Harvard Business School Press.

Faber, M. J. (2008) Open Innovation, Ansätze, Strategien und Geschäftsmodelle. Wiesbaden, Gabler.

Foster, R. N. (1986). Innovation: The attacker's advantage. New York: Summit Books.

Gourville, J.T. (2006): Eagerseller&stoneybuyer. Harvard Business Review.

Hasan M. (2013). Open Innovation. Geschäftsmodelle, Prozesse, Chancen und Risi-ken. GRIN Verlag.

Beiträge in Sammelwerken

Booz, A., Hamilton (1982). New Products Management for the 1980s. New York: Booz, Allen and Hamilton.

Bullinger HJ., Warschat J. (2007). Innovationsmanagement in Netzwerken. Springer Verlag.

Bullinger, H.-J. / Warschat, J. (2007). Innovationsmanagement in Netzwerken, in: Gar-cia Sanz, F. (Hrsg.): Die Automobilindustrie auf dem Weg zur globalen Netzwerkkom-petenz. Berlin / Heidelberg. Springer Verlag.

Chesbrough, H., Brunswicker, S. (2013). Managing Open Innovation in large firms. Survey Report, Stuttgart: Fraunhofer Verlag.

Chesbrough, H., Vanhaverbeke, W. and W., J. (2006). Open Innovation: Researching a New Paradgim. New York: Oxford University Press Inc.

Kotler, P. / Keller, K.L. / Bliemel, F (2007). Marketing-Management: Strategien für wert-schaffendes Handeln. 12. Auflage, München. Pearson Studium.

Meffert, H., Burmann, C., Kirchgeorg, M. (2008). Marketing — Grundlagen marktorientierter Unternehmensführung — Konzepte — Instrumente — Praxisbeispiele. 10. Aufl., Wiesbaden. Gabler Verlag.

Beiträge in Zeitschriften

Chidamber, S.R., Kon, H.B. (1994). A research retrospective of innovation inception and success: the technology-push, demand-pull question. International Journal of Technology Management, Vol.9, No. 1.

Düthmann, C. (2008). Marken sind von Dauer. Lebensmittel Zeitung Spezial, Nr. 2.

Internetquellen

Grafik: Innovationstrichter bei Open Innovation (o.D.). Repetico. Abgerufen am 18.09.2021, von https://www.repetico.de/card-79871064

Grafik: Open Innovation Ansätze (o.D.). Repetico. Abgerufen am 18.09.2021, von https://www.repetico.de/card-79871066

Zapfel, D. (2019, 21 Juni). Fast Moving Consumer Goods - Die Top 15 Trends für 2019. Abgerufen am 18.09.2021, von https://www.lead-innovation.com/blog/fast-moving-consumer-goods-trends-2019

Sonstige

GfK ConsumerScan Innovation Day (Hrsg.) (2006, 24. Mai): Launches und Relaunches als Motor der Wertschöpfung – Was ist Top, was ist Flop?